MANUEL DE PRÉPARATION

POUR

L'EXAMEN

DES

DOUANES

PAR

Un Employé de la Direction générale des Douanes

PRIX : 2 FRANCS

PARIS

E. DENTU, ÉDITEUR

3, PLACE DE VALOIS, 3

(Palais-Royal)

1892

MANUEL DE PRÉPARATION

POUR

L'EXAMEN DES DOUANES

MANUEL DE PRÉPARATION

POUR

L'EXAMEN

DES

DOUANES

PAR

Un Employé de la Direction générale des Douanes

PRIX : 2 FRANCS

PARIS

E. DENTU, ÉDITEUR

3, PLACE DE VALOIS, 3

(Palais-Royal)

—

1892

INTRODUCTION

La première pensée qui doit venir au jeune homme résolu à faire sa carrière daus l'une de nos grandes administrations, est de se demander les chances d'aveuir que peuvent lui offrir les divers services de l'État, la nature de leurs attributions, les obligations qu'ils imposent, les ressources qu'ils peuvent fournir à brève échéance, le degré d'instruction nécessaire pour y exercer convenablement ses fonctions et, enfin, les conditions exigées pour y obtenir son admission.

Notre seul but, en publiant cette brochure, que nous avons souvent entendu réclamer, a été précisément de répondre, aussi brièvement et aussi clairement que possible, à ces diverses questions, en ce qui concerne la Douane.

La division en deux parties du *Manuel* de préparation aux examens des Douanes était dès lors tout indiquée. Nous essaierons, dans la première, de donner une idée générale de la nature des attributions et de la hiérarchie du Personnel de cette administration ; la seconde partie, seule appelée à justifier le titre de cette publication, sera exclusivement consacrée à l'exposé des conditions exigées pour l'admission au concours du surnumérariat et à l'étude du programme.

MANUEL DE PRÉPARATION

POUR

L'EXAMEN DES DOUANES

PREMIÈRE PARTIE

Origine & Attributions générales de l'Administration des Douanes — Organisation & Hiérarchie du Personnel

L'origine de l'organisation moderne des Douanes remonte à l'abolition des droits de traites et à la suppression des fermiers généraux prononcées en 1791. C'est, en effet, à partir de cette époque que, par suite de la disparition des nombreuses taxes perçues, sous les dénominations les plus diverses et les plus originales, dans chaque province, fut réalisée l'unité de l'impôt des Douanes désormais applicable à toutes les marchandises étrangères présentées aux bureaux frontières ou dans les ports, et inscrites dans le premier tarif général, promulgué le 15 mars 1791.

L'Administration des Douanes est aujourd'hui chargée d'assurer aux frontières, sur le littoral, dans les gares et les entrepôts, la perception intégrale de tous les droits inscrits dans les tarifs votés par le Parlement, ainsi que de toutes autres taxes intérieures, droits accessoires, de timbre ou de navigation, dont le recouvrement lui a été confié. La surveillance permanente organisée par ses brigades sur toutes les frontières de terre et de mer, et, par sa marine, sur mer et à l'embouchure des fleuves, à pour but de s'opposer à toute introduction ou versement frauduleux en dehors des bureaux ou lieux de débarquement. La Douane comprend en outre, dans ses attributions, la publication de tous les renseignements statistiques relatifs à la navigation et au commerce extérieur de la France, ainsi que l'application des lois et règlements sur la marine marchande, tels que la police des manifestes, le jaugeage et l'armement des navires pour la pêche, le cabotage, la liquidation des primes allouées pour la grande pêche et les constructions navales, l'inscription hypothécaire des navires; elle prête enfin son concours à la marine, pour les sauvetages, et est appelée, par son organisation militaire, à prendre part à la défense du pays.

Administration centrale. — L'Administration des Douanes est placée dans les attributions du Département des Finances, sous les ordres d'un Directeur général, assisté de deux Administrateurs, formant avec lui, *le Conseil d'Administration*, qu'il préside. C'est à la Direction générale que s'opère la centralisation des diverses affaires dont la solution est réservée au contrôle supérieur de l'Administration ou du Ministre.

Conseil d'Administration. — Le Conseil d'Administration, présidé par le Directeur général, délibère : 1° sur la formation du budget général de l'Administration; 2° sur toutes les affaires résultant de procès-verbaux de saisie ou de contraventions; 3° sur les débets des Receveurs, leur responsabilité en matière de crédit, et sur les contraintes à décerner contre les redevables; 4° sur les demandes en remboursement de droits de toute nature; 5° sur les questions soulevées en matière d'application de droits ou d'interprétation de la législation spéciale des Douanes; 6° sur les projets, devis, marchés, baux et adjudications; 7° sur les créations, déplacements ou suppressions de bureaux de douanes, ainsi que sur l'extension ou la restriction de leurs attributions; 8° sur les suppressions ou créations d'emplois; 9° sur l'application des mesures disciplinaires et les admissions à la retraite; 10° sur la formation du tableau d'avancement pour les emplois du cadre supérieur; 11° sur toutes les questions pour lesquelles le Ministre juge à propos de provoquer l'avis du Conseil.

Cabinet du Directeur général. — Le cabinet du Directeur général comprend un bureau placé directement sous ses ordres et dont les attributions sont fixées comme suit :

BUREAU CENTRAL ET DU PERSONNEL
(Cabinet du Directeur général)

Présentation pour les emplois à la nomination du Président

de la République ou du ministre. — Tableau de candidature pour les emplois supérieurs. — Surnumérariat : concours pour la sous-lieutenance. — Nominations des chimistes attachés aux laboratoires de l'administration. — Affaires traitées sous le timbre du cabinet du Directeur général. — Demandes de perceptions, débits de tabac et recettes buralistes. — Sous-officiers de l'armée désignés pour des emplois civils dans les Douanes. — Personnel des colonies. — Légion d'honneur, médaille militaire et décorations étrangères. — Fixation des cautionnements. — Demandes d'audience. — Réception et expédition des dépêches.

Le travail de l'Administration est réparti entre deux divisions ayant chacune à leur tête un administrateur et comprenant ensemble huit bureaux dont nous donnons ci-après le titre et les attributions : *Administrateurs.*

1re DIVISION

1er BUREAU. — TARIFS ET CONVENTIONS

Tarif des douanes ; ses applications et ses résultats. — Traités de commerce. — Conventions relatives à la propriété littéraire. — Remboursements de droits d'entrée indûment perçus. — Régimes des propriétés limitrophes, de l'Algérie, de la Corse et autres îles voisines du littoral. — Formation du budget général des recettes. *Bureaux de l'administration.*

2e BUREAU. — NAVIGATION, ADMISSIONS TEMPORAIRES, COLONIES

Navigation. — Régime de la marine marchande. — Primes à la construction. — Remboursement des taxes de navigation et des taxes sanitaires. — Jauge. — Hypothèques maritimes. — Entrepôts des douanes. — Transit. — Cabotage. — Plombage et estampillage.

Emprunt du territoire étranger. — Marques de fabrique.

Importations et exportations temporaires.

Régime général des sucres et ses applications.

Régime des colonies et établissements français d'outre-mer.

3e BUREAU. — STATISTIQUE COMMERCIALE

Dépouillement, classement et analyse des faits de commerce et de navigation constatés par les douanes. — Etats d'importation et d'exportation, de transit, de situation des entrepôts, de mutation d'entrepôt, de cabotage et des mouvements de la navigation. — Effectif de la marine marchande (bulletins d'accroissement, de changement et d'extinction). — Formation et publication des états du commerce de la France et du tableau général des mouvements du cabotage. — Réunion de tous les documents statistiques, tant français qu'étrangers, sur le commerce et la navigation.

4ᵉ BUREAU. — RÉGIMES SPÉCIAUX

Droit de statistique. — Admissions exceptionnelles. — Privilèges diplomatiques. — Marchandises de retour. — Consignations de droits. — Zones neutralisées. — Taxes intérieures. — Garantie. — Tabacs. — Librairie. — Armes et munitions de guerre. — Brevets d'invention. — Inspection sanitaire du bétail et des viandes abattues. — Phylloxera et doryphora. — Colis postaux. — Régime des sels. — Fabriques de soude. — Primes pour la pêche et salaisons. — Bulletin de commerce.

2ᵉ DIVISION

SERVICE GÉNÉRAL

Création, suppression et organisation des bureaux et brigades. — Examens d'aptitude pour la sous-inspection. — Exécution du service. — Conduite des employés; traits de dévouement; médailles d'honneur; récompenses et indemnités. — Congés. — Révocation et dégradation des employés. — Répression de la contrebande. — Examen des rapports généraux de service, des rapports de tournée des directeurs; suites à donner aux rapports de l'inspection générale des finances. — Concours aux autres services publics. — Conflits administratifs. — Affaires politiques; police générale. — Transit international.

1ᵉʳ BUREAU. — FRONTIÈRES DE TERRE

(Attributions ci-dessus indiquées sous le titre de service général pour les directions de terre. — Régime de circulation dans le rayon. — Compte ouvert des grains. — Fonds communs des saisies. — Organisation militaire des Brigades.)

2ᵉ BUREAU — PORTS ET CÔTES

(Attributions indiquées ci-dessus sous le titre de service général pour les directions maritimes, l'Algérie et les colonies. — Contrôle des brigades. — Police sanitaire. — Gratifications. — Service des retraites et cautionnements.)

3ᵉ BUREAU. — CONTENTIEUX

Suite des saisies et contraventions, répartition de leurs produits. — Suites contentieuses des crédits accordés en matière de droits. — Application des lois et des règlements de douanes en matière judiciaire.

4ᵉ BUREAU. — COMPTABILITÉ ET MATÉRIEL

Confection des états de frais de régie. — Formation du budget général des dépenses (France et Algérie).

Liquidation et ordonnancement des dépenses. — Comptabilité. — Masses. — Habillement, équipement, armement, casernement, service de santé. — Matériel : construction et réparation d'immeubles et d'embarcations ; achat et entretien d'objets mobiliers ; transports ; dépenses imprévues : secours, allocations exceptionnelles. — Hôpitaux militaires. — Comptabilité matières avec le département de la guerre. — Inventaires d'immeubles et de mobilier. — Topographie. — Impression et distribution des circulaires. — Confection et envoi des instruments de vérification, de plombage et de jaugeage. — Matériel des laboratoires.

SERVICE DÉPARTEMENTAL

Le service départemental se partage en deux branches distinctes : le *service sédentaire* ou des *bureaux,* dont nous avons surtout ici à nous occuper, et le service actif ou des brigades.

Le premier a pour mission d'opérer la vérification des marchandises et la perception des droits et de délivrer toutes les expéditions ou titres de mouvement propres à garantir le recouvrement des droits dont elles sont grevées ; le second, est destiné à la répression de la fraude aux frontières et sur les côtes.

Les deux services sont placés sous les ordres et le contrôle des Directeurs et des Inspecteurs. — La France est divisée en vingt-quatre Directions (Algérie comprise).

Les Directeurs sont chargés dans toute l'étendue de leur circonscription de veiller au fonctionnement des bureaux et des brigades ; ils correspondent seuls avec l'Administration pour toutes les parties du service.

Les bureaux de direction comprennent : un *premier commis,* un *second commis* et des *commis attachés,* chargés de la tenue des registres, de la rédaction de la correspondance et de l'expédition des courriers.

Les commis de Direction sont généralement recrutés parmi les meilleurs agents, en situation d'être désignés au choix pour l'avancement.

Inspecteurs. Le contrôle du service, dans chaque Direction, est réparti entre un certain nombre d'agents supérieurs ayant, suivant la nature de leurs attributions, le titre d'*inspecteurs* (ou *sous-inspecteurs) divisionnaires* ou *sédentaires*.

Inspecteurs divisionnaires. Les chefs divisionnaires ont pour mission de s'assurer de l'exécution du service des brigades sur le terrain en vue de la répression de la contrebande. C'est à eux qu'incombe le soin de suivre toutes les questions relatives au casernement, à l'équipement et à l'armement du service actif, et c'est sous leurs ordres immédiats que sont placés les officiers des Douanes. Ils sont en outre chargés de la vérification des écritures et de la comptabilité des bureaux de leur division, de la rédaction des rapports de service sur leur gestion et du signalement des agents placés sous leurs ordres.

Inspecteurs sédentaires. Les inspecteurs sédentaires sont, dans les grandes Douanes, les collaborateurs des Directeurs. C'est à eux qu'appartient le contrôle et la direction du service de la visite et des différentes sections entre lesquelles se trouve réparti le service des bureaux. Ils sont en outre plus spécialement chargés des rapports

---

Service des colonies. Les agents des colonies appartiennent au cadre métropolitain, ils sont commissionnés, suivant leur grade, par le Directeur général ou le Ministre, et placés ensuite sous les ordres immédiats du Sous-Secrétaire d'État des Colonies. — Le recrutement du personnel des colonies s'opère, comme en France, au moyen de concours, dont les matières sont fournies par l'Administration centrale, qui établit ultérieurement la liste définitive d'admission.

Les propositions d'avancement relatives aux agents des Douanes coloniales sont soumises au Directeur général, auquel il appartient de prendre les arrêtés qu'elles comportent.

L'Administration met en outre à la disposition du département du Commerce et des Colonies des agents de tous grades, disposés à servir aux colonies, lorsqu'ils lui sont réclamés pour cette destination.

Le rapatriement des employés du service colonial est subordonné à un séjour dont la durée varie, suivant les régions, de 3 à 5 ans.

avec le commerce et de la suite des affaires urgentes réclamant une solution immédiate.

Les sous-inspecteurs *sédentaires* remplissent dans les gares, les ports ou les entrepôts les fonctions de chefs de service. Les sous-inspecteurs *divisionnaires* ont, dans un rayon plus limité, c'est-à-dire dans des divisions de moindre importance, les mêmes attributions que les inspecteurs divisionnaires.

Les bureaux se divisent en deux catégories :
Les bureaux *particuliers* ou *subordonnés* et les bureaux principaux, chargés de centraliser les recettes des bureaux subordonnés. *(Bureaux de perception.)*

Les bureaux subordonnés, placés sur les divers points de la frontière, dans les gares, les ports ou les entrepôts intérieurs, sont dirigés par un agent ayant le grade de *Receveur particulier* ou *subordonné*, auquel on adjoint, s'il y a lieu, c'est-à-dire, suivant l'importance des opérations, un ou plusieurs autres employés ayant le grade de vérificateur ou commis. *(Recettes subordonnées.)*
Lorsqu'il s'agit d'un bureau composé d'un grand nombre d'agents de visite, comme certaines gares-frontières, l'ensemble du service est placé sous la surveillance d'un sous-inspecteur sédentaire.

Les Receveurs principaux ou comptables chargés de centraliser les recettes et les dépenses ainsi que les renseignements statistiques d'un certain nombre de bureaux subordonnés rattachés à leur principalité, sont soumis au contrôle des inspecteurs divisionnaires. *(Receveurs principaux.)*
Les Receveurs principaux, sont, en leur qualité de comptables, justiciables de la Cour des Comptes ; ils sont en outre chargés de la suite des procès-verbaux et de tous autres actes contentieux émanant de leur circonscription. Ces agents supérieurs ont enfin, comme *conservateurs d'hypothèques maritimes*, à procéder à l'inscription ou à la radiation des hypothèques relatives aux navires immatriculés au bureau de leur résidence.

Les agents des bureaux sont chargés de la vérification des marchandises, de la liquidation, de la garantie ou du recouvrement des droits dont elles sont grevées. C'est par suite à eux qu'incombe le soin de délivrer tous les acquits de paiement de droits d'importation, quittances de taxes de navigation ou de droits accessoires, acquits à caution et tous autres titres desti- *(Service des Bureaux.)*

nés à accompagner les marchandises introduites ou expédiées sous les divers régimes du transit, du cabotage, de l'admission temporaire ou de l'entrepôt. Les bureaux sont également chargés de délivrer les actes de nationalité et de propriété des navires, les permis d'embarquement ou de débarquement, les congés, les passeports et les certificats de jauge.

Ce sont également les agents du service sédentaire qui, dans les bureaux principaux, collaborent à l'inscription ou à la radiation des hypothèques maritimes, ainsi qu'à la délivrance des titres de primes allouées pour les constructions navales ou les armements pour la Grande pêche.

Les employés des bureaux sont enfin chargés de la remise en franchise des sels destinés aux pêches maritimes, à l'agriculture ou aux fabriques placées sous la surveillance du service. Les relevés statistiques établis dans les différents bureaux fournissent à l'Administration centrale les éléments nécessaires pour la publication annuelle du *Tableau général du commerce de la France*, et autres documents périodiques relatifs à notre commerce extérieur ainsi qu'aux mouvements de la navigation dans nos ports.

SERVICE ACTIF

Brigades.

Le service *actif* ou des *brigades* est le gardien de la frontière et du littoral où il *exerce*, de jour et de nuit, au moyen de marches et de contremarches (rebats), d'observations, de factions, d'embuscades, de patrouilles, d'escortes ou de services détachés, une surveillance armée permanente. Les agents des brigades sont en outre chargés de veiller à la garde des marchandises placées dans les entrepôts, dans les gares, dans les ports et sur les quais, d'assurer par des escortes l'arrivée de certains produits à leur destination, et enfin de seconder les agents du service sédentaire dans toutes les opérations matérielles de la visite.

Chefs des brigades.

Le personnel des brigades est placé sous les ordres et le contrôle immédiats des inspecteurs et sous-inspecteurs divisionnaires qui portent d'ailleurs, en service, la même tenue, avec les galons de chefs de bataillon. Les Directeurs, en leur qualité de chefs d'un corps armé, sont assimilés aux lieutenants-colonels.

Le service des brigades est commandé par des capitaines ayant sous leurs ordres des lieutenants et des sous-lieutenants, appelés eux-mêmes à diriger plusieurs brigades comprenant chacune un brigadier, un ou deux sous-brigadiers et un certain nombre de préposés.

La surveillance des Douanes s'exerce en mer et à l'embouchure des fleuves au moyen d'embarcations à la voile ou à vapeur, montées par des agents ayant le grade de patrons ou sous-patrons, équivalant à celui de brigadiers ou sous-brigadiers et des matelots ayant rang de préposés. Ces embarcations sont ordinairement placées sous le contrôle des lieutenants. Elles permettent au service de se rendre à bord des navires et de s'opposer par leurs croisières en vue du littoral, aux tentatives de transbordements ou versements frauduleux qui pourraient s'effectuer sur les côtes. Les bâtiments des Douanes, désignés sous le nom de pataches, péniches ou chaloupes, forment, au point de vue de la contrebande, une première ligne de défense pouvant fonctionner, aux termes de la loi, dans un rayon de deux myriamètres des côtes.

Le capitaine de tout navire arrivé dans ce rayon, est, en effet, tenu, lorsqu'il en est requis, de remettre une copie de son manifeste aux agents des Douanes. Tout bâtiment d'un tonnage inférieur à 100 tonneaux, à l'ancre ou louvoyant dans les deux myriamètres des côtes, peut être visité par le service des Douanes.

Marine des Douanes.

Les agents du service actif sont presque exclusivement recrutés parmi les sous-officiers de l'armée ou de la flotte, âgés de moins de vingt-neuf ans. Après un examen sommaire subi devant un officier des Douanes, ils sont admis dans les cadres en qualité de simples préposés ou matelots.

Recrutement des brigades.

Les agents des cadres inférieurs sont directement commissionnés par les Directeurs départementaux. Les officiers sont nommés par le Directeur général.

Les jeunes gens sortis de l'armée avec le grade de sous-officier, qui désirent faire leur carrière dans le service actif des Douanes, débutent ainsi comme simples préposés. Ils peuvent, s'ils ont de la conduite et l'instruction nécessaire, obtenir au bout de deux ou trois ans, les galons de sous-brigadier.

Les brigadiers portés aux tableaux d'avancement pour le grade d'officier et comptant au moins deux années d'ancienneté à leur grade, peuvent, jusqu'à l'âge de trente-six ans, concourir pour la sous-lieutenance et continuer ensuite leur carrière dans les brigades jusqu'au grade de capitaine, qui leur ouvre en outre, plus tard, l'accès aux emplois supérieurs, s'ils sont en mesure de subir avec succès les épreuves de l'examen d'aptitude pour la sous-inspection.

Passage dans le service sédentaire. Les différences existant entre le mode de recrutement, les attributions et les conditions de la retraite des agents des bureaux et des brigades s'opposent aux mutations de personnel qui pourraient s'effectuer entre ces deux services.

Toutefois, l'Administration autorise les brigadiers et les patrons ayant une ancienneté minimum de quatre années de grade à subir un examen spécial d'aptitude pour un emploi au traitement de début dans les bureaux.

Les officiers blessés en service, ou jugés impropres pour toute autre cause à continuer à servir dans les brigades peuvent également, en vertu de décisions spéciales, être exceptionnellement admis dans les bureaux.

Admission des officiers dans le cadre supérieur. Les capitaines, parvenus à la 2e classe de leur grade, peuvent, après avoir subi les épreuves d'un examen professionnel spécial dont nous parlerons plus loin, être promus au grade de sous-inspecteur.

Organisation militaire. Les brigades des Douanes, déjà plusieurs fois appelées, sous l'ancienne législation, à concourir à la défense du pays, font aujourd'hui partie intégrante de l'armée. Organisées militairement et composées presque en totalité d'anciens sous-officiers de l'armée de terre ou des équipages de la flotte, elles forment quarante bataillons disciplinés, instruits, armés, rompus aux fatigues, habitués aux dangers et approvisionnés comme les autres corps militaires. Des stages périodiques dans les différents corps d'armées permettent aux officiers de se tenir au courant de tous les changements apportés à la théorie, et les exercices fréquents auxquels sont soumis les agents des brigades, ne laissent aucun doute sur l'efficacité du concours qu'un corps aussi dévoué pourrait prêter en temps de guerre à l'armée.

Les explications qui précèdent nous paraissent pouvoir être utilement complétées par la publication du tableau suivant indiquant, avec les traitements, la composition de tout le personnel des Douanes.

PERSONNEL DES DOUANES

(d'après les prévisions du Budget 1892)

DIRECTION GÉNÉRALE AU PALAIS DU LOUVRE
(*Pavillon de Rohan*)

Nombre d'agents   Traitements

1 Directeur général		25.000 fr.	Administratrtion centrale.
2 Administrateurs	12.000 ou	15.000	
9 Chefs de bureau (1)	7.000 à	10.000	
11 Sous-chefs	5.000 à	6.000	
17 Commis principaux	3.500 à	4.500	
34 Commis	1.900 à	3.100	

Service départemental

23 Directeurs	8.000 à	12.000	Service sédentaire.
132 Inspecteurs ou sous-inspecteurs	6.000, 5.000, 4.500	4.000	
46 Receveurs principaux	4.500 à	6.000	
129 Commis de direction	1.600 à	4.500	
74 Contrôleurs	4.000 à	4.500	
500 Vérificateurs et vérific.-adjoint.	2.200 à	3.500	
813 Commis ou commis principaux.	1.600 à	3.500	
456 Receveurs particuliers	1.600 à	4.500	
200 Capitaines	2.700 à	3.500	Brigades.
380 Lieutenants et sous-lieutenants	1.800 à	2.400	
66 Gardes-magasins	1.500 à	1.800	
3.874 Brigadiers, patrons, sous-brigadiers et sous-patrons	1.100 à	1.300	
15.015 Préposés ou matelots	950 à	1.050	

Les services de l'Algérie forment une seule Direction comprenant 113 employés du service sédentaire et 545 agents des brigades ; les traitements du personnel, l'avancement et le recrutement y sont soumis aux mêmes règles que dans la   Algérie.

---

(1) Les chefs de bureau de l'Administration centrale sont assimilés aux Directeurs, les sous-chefs aux inspecteurs, les commis principaux de 1re et de 2me classe, aux sous-inspecteurs ; les commis, à leurs collègues des départements des mêmes classes.

métropole et il leur est alloué, dans plusieurs localités, une indemnité de résidence analogue.

Les Douanes de la Corse sont placées sous les ordres d'un inspecteur chef de service.

Indemnités diverses.

Les agents de la métropole appelés à servir dans les grands centres ou dans certaines localités où la vie est particulièrement dispendieuse touchent, en sus de leur traitement normal, une indemnité de résidence qui varie de 8 à 15 0/0.

Il est également alloué aux agents chargés des opérations de la visite et en possession du grade de vérificateur ou vérificateur-adjoint, une indemnité professionnelle de 100 à 300 francs.

Indemnité des surnuméraires.

Il est attribué aux quarante plus anciens surnuméraires des Douanes une indemnité mensuelle de 50 francs. Cette indemnité peut, en général, leur être accordée au bout de 12 à 14 mois de stage.

Cautionnements.

Les Receveurs principaux des Douanes ont à verser pour la garantie de leur gestion un cautionnement qui varie de 10.000 à 110.000 francs.

Les Receveurs particuliers ou subordonnés sont également soumis à un cautionnement dont le montant s'élève de 600 à 6.000 francs, suivant la classe à laquelle ils appartiennent.

Tous les autres agents, non comptables, à l'exception des directeurs, inspecteurs et sous-inspecteurs, sont dispensés du cautionnement.

Règles de l'avancement.

Les règles générales de l'avancement peuvent se résumer comme suit :

Nul ne peut être promu à un grade supérieur, avant d'avoir servi au moins deux ans dans le grade immédiatement inférieur;

Nul ne peut, dans le même grade, passer à une classe supérieure, avant d'avoir servi au moins un an dans la classe inférieure.

Les *limites d'âge* d'accession aux différents grades sont fixées comme suit : 59 ans pour le grade de Directeur, 51 ans pour celui d'inspecteur et 44 ans pour la sous-inspection.

Dans les brigades, nul ne peut être promu capitaine après 44 ans et sous-lieutenant après 36 ans.

L'avancement a lieu au fur et à mesure des vacances qui se produisent dans les cadres et dans la limite des sommes laissées disponibles sur les crédits inscrits au budget du personnel. Les crédits disponibles sont répartis par l'Administration centrale sur l'ensemble des cadres, au moyen de promotions, de mutations, ou d'élévations sur place.

L'avancement a lieu *au choix* pour les agents capables et dévoués dont la conduite, la valeur professionnelle et le concours n'ont rien laissé à désirer, et à l'*ancienneté* pour les employés laborieux et de bonne conduite pourvus de moyens plus limités ou placés dans des postes de moindre importance.

Les agents mal notés au point de vue de la conduite ou du travail perdent leur droit à l'avancement.

Les Directeurs départementaux procèdent, tous les ans, de concert avec les chefs locaux de leur circonscription, à la formation d'un tableau d'avancement qui leur sert de guide pour les propositions qu'ils sont appelés à formuler en cas de vacances dans leur circonscription.

C'est également et exclusivement parmi les agents portés sur ces tableaux et au vu des notes semestrielles fournies par les chefs que l'Administration établit elle-même ses choix, en tenant compte du rang d'ancienneté occupé par chaque employé au cadre général des agents de sa classe.

Les agents de l'Administration centrale, les commis de Direction et les vérificateurs aux traitements de 3.500 et 3.100 fr., ainsi que les capitaines de 1re et de 2e classe (3.000 et 3.500 fr.), remplissant les conditions fixées par les règlements, sont admis à passer un examen spécial d'aptitude, institué par décret, pour le grade de sous-inspecteur, et qui leur ouvre l'accès du cadre supérieur.

Les jeunes gens reconnus admissibles à l'épreuve du concours pour le surnumérariat sont inscrits définitivement par ordre de mérite, c'est-à-dire suivant le nombre de points obtenus au concours, sur la liste générale des candidats au surnumérariat, et nommés, suivant leur rang d'admission, au fur et à mesure qu'il se produit des vacances dans le cadre des surnuméraires. Il est tenu compte aux jeunes gens appelés par la loi du recrutement du temps qu'ils ont passé sous les drapeaux.

Les examens ont lieu, en moyenne, tous les 12 ou 15 mois.

Le traitement de début est de 1.600 fr. Les avancements ultérieurs se font par 300 fr. jusqu'au traitement de 3.100 fr., puis par 400 et 500 fr. pour les vérificateurs, les commis de Direction ou de l'Administration centrale, élevés au grade de vérificateur de 1ʳᵉ classe ou de commis principaux. Dans le cadre supérieur, les avancements sont de 500, 1.000, 1.500 ou 2.000 fr., suivant les grades.

Les agents bien notés et portés au choix sur les tableaux d'avancement peuvent, en général, surtout dans les petits emplois, espérer obtenir une amélioration de position au bout de 2 ans 1/2 à 3 ans.

Un employé laborieux, intelligent et de bonne conduite, peut ainsi arriver entre 37 et 38 ans, c'est-à-dire après une quinzaine d'années de service, à passer dans le cadre supérieur.

Les agents que les limites d'âge ou toute autre circonstance, ont empêchés de concourir pour la sous-inspection, peuvent, s'ils sont bien notés, parvenir, après 25 ou 30 ans de service, à un traitement fixe de 3.500 fr.

Le traitement d'un certain nombre de receveurs particuliers et des contrôleurs de section peut même s'élever jusqu'à 4.500 fr. (non compris leurs divers émoluments). Le maximum des pensions de retraite allouées aux agents de cadre inférieur peut ainsi atteindre de 1.750 fr. 2.250 fr.

Retraites. Les agents des Dounes obtiennent, généralement, à l'âge de 59 ans, dans la partie active, et de 65 ans, dans le service sédentaire, une pension de retraite.

Les traitements fixes sont, à ce titre, soumis à une retenue de 5 0/0. La caisse des retraites bénéficie en outre du premier mois d'appointement et du douzième de toute augmentation ultérieure.

Cette pension est reversible, pour un tiers, sur la tête des veuves et des orphelins.

Peines disciplinaires. Les peines disciplinaires appliquées dans le service des Douanes sont : l'avertissement, le blâme, la radiation du tableau d'avancement, la retenue sur le traitement, le changement disciplinaire, la rétrogradation, c'est-à-dire la perte d'un galon, d'une classe ou d'un grade, la mise en disponibilité, qui équivaut à la suspension complète de l'activité et à la privation de traitement, et enfin la révocation.

Les peines disciplinaires les plus graves appliquées après enquête et interrogatoire sont, comme les mesures de clémence, dont elles seraient ultérieurement susceptibles d'être suivies, prononcées en Conseil d'Administration et soumises à l'approbation du Ministre.

DEUXIÈME PARTIE

I

Conditions exigées pour l'admission dans le Service des Douanes

---

Les justifications exigées pour l'admission au concours des Douanes doivent être *rédigées sur papier timbré et légalisées.*

Justifications à produire.

Tout postulant doit justifier qu'il est âgé de 18 ans au moins et qu'il n'en a pas plus de 25. Sa demande d'admission au concours pour le surnumérariat doit être accompagnée d'un extrait de son acte de naissance. Des dispenses d'âge peuvent être accordées aux militaires âgés de 25 à 29 ans, ainsi qu'aux autres candidats en mesure de justifier de services civils dans l'enseignement ou dans toute autre administration de l'Etat soumise aux retenues pour les pensions prescrites par la loi du 9 juin 1853.

Age des candidats.

Les postulants retenus sous les drapeaux au moment de l'ouverture du concours, peuvent, avec l'autorisation de leur cololonel, être admis à prendre part aux examens, au siége de la Direction la plus voisine, lorsque leur candidature a été préalablement agréée par l'Administration.

L'Administration exige que la situation de chaque postulant, au point de vue de la loi du recrutement, soit nettement établie avant l'examen. Les candidats qui ont déjà pris part aux opérations du tirage doivent, pour se conformer à cette règle, produire une copie textuelle des pièces établissant leur situation militaire, à quelque classification de l'armée qu'ils appartiennent (armée active, réserve, services auxiliaires, etc.),

Service militaire.

ainsi qu'une copie du *certificat de bonne conduite*, qui leur est délivré par l'autorité militaire.

Les surnuméraires appelés sous les drapeaux au cours de leur stage, bénéficient, au moment de leur titularisation, du temps qu'ils ont passé sous les drapeaux, en ce sens qu'ils prennent rang, sur les sommiers du personnel, avec leurs camarades de promotion, que le cours des vacances avait permis de commissionner pendant leur absence.

Nationalité. *Les postulants doivent justifier de leur qualité de Français.*

Ils ont à cet effet à produire un extrait de leur acte de naissance ou une copie authentique de leur acte de naturalisation.

Les jeunes gens *nés dans les provinces annexées* et âgés de moins de 21 ans, doivent prendre l'engagement écrit de faire en temps opportun les démarches nécessaires pour recouvrer leur qualité de Français, sous peine de se voir ultérieurement radiés des cadres.

Validité physique. *Les jeunes gens atteints d'infirmités ou de difformités physiques de nature à les faire exempter du service militaire, sont exclus du concours.*

Les postulants doivent, par suite, produire un certificat émanant d'un médecin délégué par l'autorité préfectorale et libellé comme suit :

Je soussigné, docteur à....., délégué et assermenté, certifie avoir visité M....., demeurant à....., et avoir reconnu qu'il est d'une constitution saine et vigoureuse et qu'il n'est atteint d'aucune infirmité ni difformité de nature à le faire exempter du service militaire.

Les jeunes gens admis à concourir sont d'ailleurs soumis, s'il y a lieu, au moment même de l'examen, à une contre-visite médicale pratiquée par l'un des médecins de l'Administration.

Les jeunes gens reconnus atteints d'une faiblesse de constitution les ayant fait ajourner ou classer, par l'autorité militaire, dans un service moins pénible, peuvent être autorisés, à titre conditionnel, à prendre part au concours, sous la réserve qu'il sera ultérieurement statué, en cas de succès, sur leur maintien au tableau de candidature ou dans les cadres.

Moralité. La moralité est établie au moyen de la production d'un *certificat de bonne vie et mœurs* délivré par le commissaire de police de la localité ou par l'autorité municipale, ainsi que d'un *extrait du casier judiciaire* levé au greffe du tribunal de la circonscription où est situé le lieu de naissance, et ne remontant pas à plus de 3 mois. Cette dernière pièce est soumise à la formalité de l'enregistrement.

Le postulant est tenu de justifier qu'il possède personnellement ou par sa famille *les ressources nécessaires* pour assurer son existence pendant la durée du surnumérariat. *(Moyens d'existence.)*

Cette justification est subordonnée à la production d'un engagement écrit des parents, tuteurs ou subrogés-tuteurs.

Les limites du crédit spécial inscrit au budget pour les surnuméraires ne permettent, ainsi que nous l'avons déjà expliqué dans la première partie, de leur accorder *l'indemnité mensuelle de 50 francs* qu'au bout de 12 à 14 mois de stage.

L'Administration s'assure que les postulants possèdent l'instruction et l'aptitude nécessaires, au moyen d'un examen subi en un concours général, devant un comité spécial siégeant, le même jour, au chef-lieu de chaque Direction. *(Aptitude des postulants. — Annonce des concours. — Envoi des demandes d'inscriptions.)*

Ces examens n'ont lieu que lorsque la liste générale d'admission des candidats du précédent concours est sur le point d'être épuisée, c'est-à-dire, en moyenne, tous les 12 ou 15 mois.

L'ouverture du concours est annoncée par le *Journal officiel* 3 mois avant les examens.

Les jeunes gens qui désirent y prendre part doivent, sous le plus bref délai et, en tout cas, avant la date fixée pour la clôture de la liste, *adresser au Directeur des Douanes* de la circonscription où ils désirent subir les épreuves de l'examen, leur demande accompagnée de toutes les pièces justificatives que nous venons d'énumérer.

Le siège des Directions de Douanes est établi dans les villes suivantes :

Alger — Bastia — Bayonne — Besançon — Bordeaux — Boulogne-sur-Mer — Brest — Chambéry — Charleville — Dunkerque — Epinal — La Rochelle — Le Havre — Lille — Lyon — Marseille — Montpellier — Nancy — Nantes — Nice — Paris — Perpignan — Rouen — Saint-Malo — Valenciennes.

II

Étude du Programme

Le Programme de l'examen ne comporte *aucune épreuve orale*. Il se divise en deux parties :

Première partie. Matières obligatoires.

La première, *obligatoire,* la seconde, *facultative.* — L'Administration a ainsi voulu assurer un avantage mérité aux candidats qui se présentent à l'examen avec un diplôme ou des connaissances spéciales qu'ils pourront plus tard utiliser dans leurs fonctions.

Orthographe.

La première épreuve porte sur l'orthographe ; elle comprend : 1° *Une page d'écriture faite sous la dictée sur papier non réglé, sans que le postulant puisse en corriger l'orthographe au moyen d'aucun livre ou secours étranger.*

La correction de cette dictée a lieu d'après les bases suivantes :

Toute faute d'orthographe usuelle ou grammaticale ou toute omission d'un mot est comptée pour *une faute,* toute faute d'accent, pour *1/4 de faute,* et toute faute de ponctuation, de cédille, de trait d'union, de tréma ou de majuscule, pour *1/8 de faute.*

Le classement des dictées a lieu ensuite d'après l'échelle suivante de points dont le total doit être *multiplié par 4,* coefficient adopté pour l'orthographe.

Pour moins d'une faute :

La note *parfaitement,* c'est-à-dire		20	points
pour une seule faute, *très-bien*	—	19	—
de 1 faute 1/8 à 2 fautes, *bien*	—	17	—
de 2 fautes 1/8 à 3 fautes, *assez bien*	—	14	—
de 3 fautes 1/8 à 4 fautes, —	—	12	—

de 4 fautes 1/8 à 5 fautes, *passablement*, c'est-à-dire 11 points.
de 5 fautes 1/8 à 6 fautes, *médiocrement* — 8 —
de 6 fautes 1/8 à 7 fautes, *très médiocre* — 6 —
de 7 fautes 1/8 à 8 fautes, *mal* — 5 —
de 8 fautes 1/8 à 9 fautes, — — 3 —
de 9 fautes 1/8 à 10 fautes, *très mal* — 1 —
au-dessus de 10 fautes, *nul* — 0 —

Les quatre modèles de dictées que nous reproduisons ci-après suffiront pour fixer les postulants sur la nature de cette épreuve, et leur indiquer, en tout cas, que l'Administration n'a jamais recherché le groupement des difficultés, et qu'il suffit pour répondre convenablement à cette question, d'avoir fait de bonnes études primaires.

MODÈLES DE DICTÉES

GOUVERNEMENT DE LOUIS XIV

On doit cette justice aux hommes publics qui ont fait du bien à leur siècle, de regarder le point d'où ils sont partis, pour mieux voir les changements qu'ils ont faits dans leur patrie. La postérité leur doit une éternelle reconnaissance des exemples qu'ils ont donnés, lors même qu'ils sont surpassés : cette gloire est leur unique récompense. Il est certain que l'amour de cette juste gloire anima Louis XIV, lorsque, commençant à gouverner par lui-même, il voulut réformer son royaume, embellir sa cour et perfectionner les arts.

Non-seulement il s'imposa la loi de travailler régulièrement avec chacun de ses ministres, mais tout homme connu pouvait obtenir de lui une audience particulière, et tout citoyen avait la liberté de lui présenter des requêtes et des projets. Les placets étaient reçus d'abord par un maître des requêtes, qui les rendait apostillés ; ils furent dans la suite renvoyés aux bureaux des ministres. Les projets étaient examinés dans le Conseil, quand ils méritaient de l'être ; et leurs auteurs furent admis plus d'une fois à discuter leurs propositions avec les ministres, en présence du roi.

Louis XIV se forma et s'accoutuma lui-même au travail ; et ce travail était d'autant plus pénible qu'il était nouveau pour lui. Il écrivit les premières dépêches à ses ambassadeurs ; les lettres les plus importantes furent souvent minutées de sa main, et il n'y en eut aucune écrite en son nom qu'il ne se fît lire.

(VOLTAIRE.)

(*Concours du 27 janvier 1873.*)

LA SCIENCE

Par elle, les sages osent franchir les barrières étroites dans lesquelles la nature s'est plu à renfermer l'homme. Citoyens de toutes les républiques, habitants de tous les empires, le monde, quelle qu'en soit l'étendue, est leur patrie. La science, conductrice tout aussi fidèle que rapide, les mène de pays en pays, de royaume en royaume; elle leur en révèle les lois, les mœurs, la religion, le mécanisme politique dans ses ressorts même les plus secrets. Ils reviennent, à l'instar des triomphateurs romains, chargés des dépouilles opimes de l'Orient et de l'Occident, après avoir rendu tributaires de leur génie tous les peuples, toutes les nations répandues sur la terre. N'étant pas plus arrêtée dans son essor par les bornes des temps que par celles des lieux, la science, prodigue de merveilles envers ses disciples, semble les avoir fait vivre longtemps avant l'époque qui les avait vus naître. C'est pour eux que les plus pures, les doctes célébrités des siècles anciens ont pensé, ont agi, ou plutôt ils ont vécu avec elles, ils les ont entendues parler, ils ont été témoins de leurs grands exemples. Quels aiguillons ne laissent-elles pas enfoncés dans leur esprit? Quelle sainte jalousie n'allument-elles pas dans leur cœur? Ainsi nos pères s'animaient à la vertu : une noble émulation les portait à rendre jalouses de leur gloire Athènes et Rome; ils voulaient surpasser les Aristide en justice, les Phocion en constance, les Fabrice en modération, les Caton même en vertu. Que si les exemples de sagesse, de grandeur d'âme, de générosité, d'amour de la patrie, sont devenus plus rares que jamais, c'est parce que la mollesse et la vanité de notre âge ont dissous cette douce et utile société créée par la science entre les vivants et les illustres morts, dont elle ranime les cendres pour en former le modèle de notre conduite.

(Concours du 7 juillet 1880.)

LES ALPES

Dans ces cantons, moitié sauvages, moitié cultivés, le peintre de la nature la surprendra, pour ainsi dire, dans son atelier, entourée des restes du chaos, au milieu d'une création ébauchée et de formes majestueuses, qui annoncent une main toute-puissante. Il ne trouvera pas ailleurs ces grands effets des ombres et de la lumière; ces dessins hardis et sublimes, auxquels l'imagination ne saurait atteindre. Ici, des rochers inaccessibles et d'une hauteur effrayante, entrecoupés d'écueils bizarres ou de grottes obscures, paraissent toucher la voûte des cieux; leurs cimes, en surplombant au-dessus d'un profond abîme, menacent de le couvrir de leurs ruines; couronnées de touffes épaisses d'arbres courbés par la vétusté, elles jettent au loin leurs ombres prolongées, et répandent une fraîcheur inaltérable. Là, des torrents s'élancent du sein des nues, se dispersent dans l'air, ou forment dans leur chute des cascades variées; le soleil les fait briller des feux du diamant ou des couleurs de l'arc-en-ciel; leurs ondes, rasssemblées dans des gouffres qu'elles ont creusés, s'en échappent avec une nouvelle force, et blanchissent de leur écume les marbres épars qui s'opposent à leur cours. Ces beautés terribles sont contrastées par la vue riante des montagnes et des coteaux tapissés de diverses nuances de verdure; la surface tranquille d'un beau lac répète leur image; des glaciers dont la base est hérissée de pointes brillantes, les flancs éblouissants de neige, et les sommets élevés au-dessus des nuées, terminent le lointain par leurs formes majestueuses.

(Concours du 12 octobre 1881).

LES MONTAGNES

Lorsqu'on s'élève dans l'atmosphère, la température décroît avec la hauteur, et, dans les régions dont la température est très basse, la pluie est remplacée par la neige, le grésil et le verglas que la rigueur du climat rend persistants. Ce phénomène est surtout frappant dans les pays chauds et montagneux. Là, au pied de la montagne, on trouve la riche et luxuriante végétation des tropiques, les oiseaux aux couleurs chatoyantes, les fruits odorants et les fleurs parfumées dont les couleurs étincellent au milieu des rayons d'un soleil éblouissant; plus haut, la température moyenne diminuant, se rencontrent les graminées et, en général, toutes les productions des zones tempérées, plus haut encore, le sol se couvre de magnifiques forêts, étonnamment épaisses, qui ne tardent pas à céder la place aux prairies.

Enfin, la rigueur du climat détruit jusqu'aux derniers vestiges de la végétation; l'œil attristé ne voit plus qu'un immense linceul de neige, interrompu à de rares intervalles par les bourrasques, les rafales et les avalanches qui, roulant avec fracas des cimes les plus élevées, portent le ravage et la mort dans les chaumières. Quoi qu'il en soit, la limite des neiges perpétuelles varie d'un lieu à l'autre et s'abaisse avec la latitude depuis le pôle jusqu'à l'équateur : dans les Alpes, elle est de deux mille sept cents mètres à deux mille sept cent vingt mètres, et, sous une latitude de quatre-vingts degrés, elle est réduite à neuf cents mètres environ.

(Concours du 11 mars 1889.)

LA PREMIÈRE QUALITÉ DE L'HISTOIRE EST D'ÊTRE VRAIE

De toutes les productions de l'esprit, la plus pure, la plus chaste, la plus sévère, la plus haute et la plus humble à la fois, c'est l'histoire. Cette muse fière, clairvoyante et modeste, a besoin surtout d'être vêtue sans apprêt. Il lui faut de l'art sans doute; mais s'il y en a de trop, si on la découvre, toute dignité, toute vérité disparaissent, car cette simple et noble créature a voulu vous tromper et dès lors toute confiance en elle a disparu. Qu'on exagère la terreur sur la scène tragique, le rire sur la scène comique ; que dans l'épopée, l'ode, l'idylle, on grandisse, on embellisse les personnages, qu'on fasse les héros toujours intrépides, les bergères toujours jolies, qu'en un mot on trompe un peu dans ces arts qui tous s'appellent l'art de la fiction, personne ne peut se prétendre trompé, car tout le monde est averti. Mais l'histoire, mentir dans le fond, dans la forme, dans la couleur, c'est chose intolérable !

L'histoire ne dit pas : Je suis la fiction ; elle dit : Je suis la vérité. Imaginez-vous un père sage, grave, aimé et respecté de ses enfants, qui, les voulant instruire, les rassemble et leur dit : Je vais vous conter ce que mon aïeul, ce que mon père ont fait, ce que j'ai fait moi-même pour conduire où elles en sont la fortune et la dignité de notre famille. Je vais vous conter leurs bonnes actions, leurs fautes, leurs erreurs, tout enfin pour vous éclairer, vous instruire et vous mettre dans la voie du bien-être et de l'honneur. Tous les enfants sont réunis ; ils écoutent avec un silence religieux. Comprenez-vous ce père enjolivant ses récits, les altérant sciemment et donnant à ses enfants qui lui sont si chers une fausse idée de leurs affaires, des peines, des plaisirs de la vie ?

L'histoire c'est ce père instruisant ses enfants.

Thiers.

(Concours du 9 mars 1891)

Écriture. — L'Administration se contente ordinairement pour cette épreuve de *faire recopier à main posée*, une douzaine de lignes de la dictée.

Le nombre de points obtenus pour l'*écriture* est multiplié par le coefficient 2 pour l'appéciation de cette épreuve.

Sujets de composition. — La rédaction du sujet de composition est, comme l'indique le coefficient 5 qui lui est attribué, l'épreuve à laquelle l'Administration attache le plus de prix. C'est en effet de toutes les questions, celle qui permet le mieux d'apprécier le profit qu'un jeune homme a su retirer de ses études, son genre de style, sa manière de juger, d'apprécier, de peindre et de sentir, sa mémoire, son intelligence et même son éducation, en un mot, tout l'ensemble de ses qualités ou de ses défauts. Aussi croyons-nous utile, en raison de l'importance de cette question, de multiplier ici les exemples des sujets donnés dans les précédents concours.

SUJETS DE COMPOSITION

—

De la valeur morale des peuples. — Signaler les défauts du caractère français et les moyens d'y remédier.

(Concours du 18 décembre 1871.)

Inondations. Désastres qu'elles occasionnent ; actes d'humanité auxquels elles donnent lieu.

(Concours de 1873.)

Le bonheur dépend moins de la destinée que du caractère.

(Concours de 1874.)

Quelles sont les fables les plus remarquables de La Fontaine ? En donner une analyse sommaire.

(Concours de 1878.)

De toutes les qualités qu'exige l'exercice des fonctions publiques, la première est le sentiment du devoir. Développer cette pensée.

(Concours de 1879.)

Le commerce et l'industrie sont les principaux éléments de la prospérité d'une nation. Développer cette idée.

(Concours de 1881.)

Un candidat appelé à prendre part au concours rend à sa famille un compte détaillé de l'examen ; il lui fait part des impressions qu'il a éprouvées au cours de cet examen, ainsi que de ses espérances et de ses craintes.

(Concours de 1882.)

Faire ressortir les conséquences que peut avoir, pour une petite ville jusqu'alors isolée, l'établissement d'un chemin de fer.

(Concours du 19 février 1883.)

Les lettres sous le règne de Louis XVI ; citer les grands écrivains de cette période et donner quelques aperçus sur leurs principaux ouvrages.

(Concours du 20 novembre 1883.)

Indiquer les Administrations qui dépendent du ministère des finances, et faire connaître les principales attributions de chacune d'elles.

(Concours de 1885.)

Utilité des connaissances géographiques.

(Concours de 1888.)

Quel est le but des Expositions internationales ?

(Concours de 1889.)

Nécessité de l'impôt. — Indiquer la nature des différents impôts perçus par le Trésor français.

(Concours de 1890.)

Quels sont les principaux centres industriels de la France ? Nature de leur industrie.

(Concours du 9 mars 1891.)

Géographie. La quatrième épreuve du concours comprend *la solution de diverses questions sur la géographie physique, politique et commerciale.*

Les connaissances géographiques ont, au point de vue de la Douane, une importance toute particulière en raison de la classification des divers produits dans les relevés statistiques, ainsi que des différents régimes applicables aux marchandises suivant leur provenance, leur origine ou l'itinéraire qu'elles ont suivi.

Toutes les questions relatives à la marine marchande et aux immunités dont jouissent les produits provenant de nos colonies et possessions ou des pays de protectorat réclament également une étude sérieuse de cette partie du programme, pour laquelle l'Administration a fixé un coefficient 4 relativement très élevé.

Nous donnons ci-après une série de questions géographiques posées dans quelques concours :

Citer les villes principales situées sur le parcours du Rhône et de la Loire.

Quels sont les principaux ports de la France et de l'Algérie? Avec quels ports sont-ils principalement en relations?

En combien de provinces se divise l'Espagne et quelles sont les villes principales de chacune d'elles?

Quels sont les principaux fleuves de l'Amérique du Nord? Dans quelle mer se jettent-ils?

(Concours de 1879.)

Quelles sont les principales lignes de chemins de fer de la France? Quelles lignes faut-il prendre pour aller de Lyon à Lille? Quels départements traverse-t-on pendant ce trajet? Indiquer les chefs-lieux de ces départements.

Par quel fleuve ou par quelle rivière sont baignées les villes ci-après :

Caen, Mézières, Alençon, Troyes, Nancy, Roanne, Avignon, Pamiers, Blaye, Agen, Tarbes, Rochefort, Orléans, Limoges?

Quels grands fleuves ont leurs sources dans les Alpes?

Que possèdent les Français aux Indes? Quelles sont les îles comprises dans les Antilles? Indiquer celles qui sont la possession de la France ; indiquer celles qui appartiennent à l'Angleterre.

Quelle est la capitale du Brésil? Quelles sont ses villes principales?

Quels sont les États de l'Afrique sur la Méditerranée?

(Concours de 1880.)

Quels sont, avec leurs chefs-lieux de préfecture et de sous-préfecture, les départements formés par l'ancienne province de Languedoc?

Indiquer les colonies et possessions françaises et anglaises en Asie et en Amérique.

Quelles mers devrait parcourir un bâtiment partant d'Odessa pour se rendre à Arkhangel, et quels détroits devrait-il franchir?

Dans quels États du monde se trouvent les villes ci-après :

Liverpool, Coire, Gothembourg, Ulm, Riga, Trieste, Palerme, Séville, Alexandrie, Le Cap, Québec, Lima, Buenos-Ayres, San-Francisco, Madras, Ispahan?

(Concours de 1881.)

Qu'est-ce qu'un isthme? Indiquer, avec leur situation, les principaux isthmes du globe.

Indiquer, dans leur ordre topographique, avec les départements dans lesquels ils se trouvent : 1° les ports militaires; 2° les principaux ports marchands de la France.

Donner le cours du Danube; indiquer les pays qu'il traverse, les principales villes où il passe.

Quelle est la route que doit suivre un navire pour se rendre du Havre à San-Francisco (Californie)?

(Concours de 1883.)

Quels sont, avec leurs chefs-lieux de préfecture et de sous préfecture, les départements formés par l'ancienne province, la Bourgogne?

Citer quelques-unes des personnes les plus illustres qui sont nées dans cette province.

Quelles contrées traversent les fleuves ci-après : la Severn, l'Elbe, l'Onéga, la Vistule, l'Escaut, l'Ebre, le Tage, l'Arno, l'Euphrate, le Gange, le Saint-Laurent et l'Orénoque?

Dans quelles mers se jettent-ils?

Indiquer la route que doit suivre un navire pour aller de Lubeck à Trieste, en nommant les ports importants où il peut faire escale. Désigner, avec leurs capitales, les pays qu'aurait à traverser l'équipage pour revenir à son point de départ par la voie de terre la plus directe.

Quelles sont les îles comprises dans les Antilles ? Quelles sont celles qui appartiennent à la France ?

(Concours de 1885.)

Indiquer, avec les chefs-lieux de préfecture et d'arrondissement, les départements qui confinent à l'Espagne, à l'Italie et à la Belgique.

Quelles sont les principales possessions extra-européennes de la Grande-Bretagne et de la France ?

Quels sont les principaux fleuves de l'Amérique du Sud ? Dans quelles mers se jettent-ils ?

Quels ont été, au point de vue des relations commerciales, les résultats du percement de l'isthme de Suez ? Quels résultats pourra produire le percement de l'isthme de Panama ?

(Concours de 1888.)

Arithmétique.

L'arithmétique, comme la géographie, est l'une des matières essentielles du concours. On ne doit pas, en effet, perdre de vue que la Douane est une administration financière chargée de la liquidation de droits souvent compliqués et du recouvrement d'un impôt dont le montant doit être évalué avec la plus grande promptitude. Il lui faut, par conséquent, des comptables, des jaugeurs et de bons statisticiens. Aussi le jeune homme qui aurait négligé cette partie de ses études, en admettant même que la parfaite connaissance des autres matières ait suffi pour lui garantir le succès à l'examen, ne tarderait pas à constater par lui-même que cette lacune est de nature à lui créer les plus grandes difficultés dans l'exercice de ses fonctions.

Hâtons-nous d'ailleurs d'ajouter qu'il suffira, comme l'indiquent suffisamment *les spécimens reproduits ci-après*, d'une bonne instruction primaire pour pouvoir répondre d'une manière satisfaisante aux *questions théoriques* que pose généralement l'Administration, ainsi qu'aux divers problèmes dont elle demande la solution. — Le nombre de points obtenus pour cette épreuve est multiplié par 4, c'est-à-dire par le même coefficient que l'orthographe, la géographie et la physique.

Questions d'arithmétique.

Calculer à moins d'un millième près le quotient de 3215,57 par 42,7.

Altère-t-on la valeur d'une fraction en augmentant ou en diminuant ses deux termes d'un même nombre ? (Réponse et démonstration).

Trois cantons doivent fournir un impôt de 130.000 fr., à raison de la population qui est : de 23.400 âmes pour le premier canton, de 32.840 pour le second et de 25.908 pour le troisième. Faire le partage.

Quel est le poids de l'eau renfermée dans un décilitre ?

Quel est le volume de 456 kilogrammes d'eau ?

(Concours de 1871.)

Combien 25.875 fr. placés à 5 1/2 0/0 rapporteraient-ils d'intérêts en cinq mois ?

15 ouvriers travaillant 10 heures par jour ont fait 645 mètres d'ouvrage en huit jours ; combien faudrait-il de temps à ces ouvriers pour faire le même ouvrage en ne travaillant que 8 heures par jour ?

Quelle est la base du système métrique ? — Indiquer les différentes mesures avec leurs multiples et sous-multiples.

(Concours de 1873.)

Un négociant a acheté : 5 kilogrammes de marchandises à 3 fr. le kilogramme, 7 kilogrammes à 4 fr. et 8 kilogrammes à 4 fr. 50 cent. Il a revendu la première partie à 3 fr. 75 cent. le kilogramme, la seconde à 5 fr. et la troisième à 5 fr. 50 cent. Quel est le gain moyen sur chaque kilogramme ?

Une personne place tous les ans une somme de 1.000 fr. dont elle laisse les intérêts s'accumuler. Le taux étant à 5 0/0 par an, on demande ce que deviendra la somme totale des placements au bout de cinq années.

Diviser $14\,^2/_3$ par $3\,^5/_6$.

Quel est l'escompte de 350 fr. 60 cent. pendant 45 jours, l'escompte étant pris en dedans à 4 0/0 par an ?

Rapports existant entre le mètre et les autres unités de mesure pour les distances, les contenances et les superficies agraires.

(Concours de 1874.)

Comment trouve-t-on le plus grand commun diviseur entre deux nombres ? Appliquer aux nombre 97.437 et 279.

Quelles sont les unités de surface, de volume, de poids ? Indiquer leurs subdivisions.

On a acheté une pierre de taille de 4 mètres cubes 9 centimètres cubes à raison de 8 centimes le décimètre cube. Quelle somme a-t-on dépensée ?

Combien faut-il de pièces de 5 fr. pour faire équilibre dans une balance à un vase contenant $2^l,86$ d'eau pure et qui pèse vide 640 grammes ?

Il a fallu 12 pièces de drap de 25 mètres de longueur et de $1^m\,25$ de largeur pour habiller 250 hommes. Combien peut-on habiller d'hommes avec 15 pièces de drap de 30 mètres de longueur et de $1^m\,20$ de largeur ?

(Concours de 1880.)

Qu'est-ce qu'une proportion géométrique ? Quelle est la propriété fondamentale des proportions géométriques ? Démontrer cette propriété.

Enoncer la **règle à suivre** pour réduire plusieurs fractions au plus petit dénominateur commun. Appliquer cette règle aux fractions suivantes : $\frac{8}{30}$, $\frac{33}{110}$, $\frac{13}{18}$, $\frac{6}{8}$, et donner la somme de ces fractions.

Un marchand a acheté 35 pièces de drap, de 60 mètres chacune, à raison de 1.065 fr. la pièce. Il a vendu le tout avec un bénéfice de $8\frac{3}{4}$ 0/0.

On demande quel est, par mètre : 1° le prix d'achat, 2° le prix de vente et 3° le bénéfice réalisé ?

Les rails d'un chemin de fer pèsent 38 kilogrammes par mètre courant. La tonne de rails se paye 375 fr. On demande le poids total et le prix des rails nécessaires pour établir un chemin de fer à double voie sur une longueur de 4 myriamètres ?

Combien l'hectare contient-il de mètres carrés ?

(Concours de 1882.)

Multiplier $\frac{2}{6}$ par $\frac{4}{9}$. Diviser 18 par $\frac{4}{5}$. Expliquer les opérations.

Quelles sont les unités des mesures de capacité et de pesanteur ? Établir le rapport qui existe entre ces mesures et le mètre. Indiquer la base de notre système monétaire.

Un pré de 3 hectares a été partagé entre quatre personnes. La première personne a eu 65 ares ; la deuxième, 95 ares ; la troisième, 78 ares ; et la quatrième le reste. Si le mètre carré de terre en pré vaut 30 centimes, dire ce que chaque personne devra payer pour sa part.

Quel est l'intérêt, à 4 0/0, d'une somme de 750 fr., pendant 3 ans 4 mois 12 jours ?

(Concours de 1883.)

L'expression fractionnaire $\frac{13}{5}$ augmente-t-elle ou diminue-t-elle de valeur si l'on ajoute le même nombre entier 4 à ses deux termes ? Démonstration de la réponse.

Un orage a détruit les $\frac{5}{10}$ de la récolte d'un agriculteur qui a ensemencé de blé 45 hectares de terrain. Combien l'agriculteur perd-il si l'are produit habituellement 3 décalitres 4 litres, et si le blé vaut 21 fr. 60 cent. l'hectolitre ?

On met dans l'un des plateaux d'une balance 8 pièces de 5 fr. Combien doit-on mettre de décilitres d'eau dans l'autre plateau pour qu'il y ait équilibre ?

Un billet de 780 fr. payable à 90 jours a été escompté à 6 0/0. Combien a-t-on reçu ?

(Concours de 1885.)

Trouver le volume d'une pièce de bois de chêne qui pèserait 132 kilogrammes, la densité du chêne étant 0.6.

Combien peut-on faire de pièces de 1 fr. avec 167 pièces de 5 fr. ?
Combien devra-t-on ajouter de cuivre ?

3 robinets peuvent remplir un bassin : le premier, en 1 heure ; le
deuxième, en 2 h. 1/4 ; le troisième, en 4 h. 1/2 ; un quatrième peut
le vider en 3 heures. On demande au bout de combien de temps le
bassin sera plein si les quatre robinets sont ouverts ensemble.

On présente à l'escompte (escompte commercial) le 14 août un billet
payable le 20 novembre suivant. L'escompte est de 107 fr. 35, On
demande quelle est la valeur nominale du billet, le taux de l'escompte
étant 6 0/0.

(Concours de 1890.)

Le 6° et dernier article du programme des *matières obliga-* **Physique et**
toires, est relatif aux *questions sur la physique et la chimie élé-* **Chimie.**
mentaires.

L'application des nouveaux tarifs rendra plus que jamais
l'étude de ces sciences indispensable; il suffit du reste de jeter
un coup d'œil sur le tarif des douanes pour se rendre compte
de la nombreuse série d'articles tels que les produits chimi-
ques, les médicaments composés et tous les liquides à base
d'alcool dont la vérification réclame au moins quelques no-
tions sur ces sciences. L'Administration accorde pour le calcul
des points obtenus pour la solution de ces questions le coefficient 4, déjà attribué à la Géographie et à l'Arithmétique.

Nous reproduisons ci-après les diverses questions posées sur
ce sujet depuis 1888, date de son introduction dans le programme.

En quoi consiste l'alcoomètre de Gay-Lussac? Dans quels cas en
fait-on usage ?

En quoi consiste l'ébullition d'un corps? Décrire la construction
de l'alambic et de son emploi.

Qu'est-ce que l'alcool? Comment le prépare-t-on et comment le
transforme-t-on en éther?

Définir ce que sont la fonte et l'acier; comment les obtient-on ?
Dire en quoi ils diffèrent du fer?

(Concours de 1888.)

Définition du poids spécifique et de la densité.

Qu'entend-on par chaleur spécifique et quelle est l'unité de chaleur?

Expériences qui ont donné lieu à l'invention du baromètre. —
Usages de cet instrument.

Qu'est-ce qu'un *acide ?*

Qu'est-ce qu'une *base ?*

Qu'est-ce qu'un *sel* ?

Qu'est-ce qu'un *corps neutre* ?

Combien connaît-on aujourd'hui de corps simples ?

Donner, par ordre alphabétique et séparément, la nomenclature des *métalloïdes* et celle des *métaux*.

(Concours de 1889.)

Balance. — Méthode ordinaire de pesée. — Constatation expérimentale de la justesse. — Méthode de la double pesée ou méthode *Borda*. — Balance de précision.

Mesure de la force élastique des gaz. — Manomètres.

Qu'entend-on par *procédé Bessemer* ?

(Concours de 1890.)

Le siphon ; ses applications.

Sel marin ; ses applications.

(Concours de 1891.)

2ᵉ PARTIE DU PROGRAMME

Matières facultatives. — Langues vivantes.

Les matières dites *en dehors du programme* comprennent deux parties distinctes : la première, relative aux matières de l'enseignement non comprises dans les six articles du programme que nous venons d'analyser, et la seconde, exclusivement applicable aux langues vivantes. Ces dispositions sont d'ailleurs formulées comme suit à l'article 3 du programme :

Le postulant, non muni de diplômes, peut en outre être examiné sur les autres matières désignées par lui comme ayant fait l'objet de ses études.

Tous les candidats qui en font la demande peuvent être interrogés sur *les langues vivantes.*

Cette dernière épreuve a lieu au moyen de la traduction, suivant le choix du candidat, d'un texte *allemand, anglais, italien* ou *espagnol*.

Les postulants sont autorisés à se servir de leur dictionnaire pour cette traduction.

Il résulte de ces dispositions que tous les candidats, sans exception, ont le droit de demander à être interrogés sur les quatre langues vivantes que nous venons de citer, tandis que la faculté de répondre aux autres questions en dehors du programme est exclusivement réservée aux postulants qui n'ont pu participer aux majorations accordées à leurs camarades porteurs d'un diplôme.

Cette mesure, dictée par l'équité, a eu en effet pour objet de ne pas faire bénéficier deux fois les mêmes individus, d'une même majoration de points, puisque la production des diplômes devait justement être considérée comme la démonstration des connaissances acquises en dehors du programme.

Les relations que le service des Douanes est constamment forcé d'avoir aux frontières avec des étrangers, indique suffisamment l'importance que l'Administration doit attacher à la connaissance des *langues vivantes*, appelées sans nul doute à devenir un jour l'une des matières obligatoires du programme. Aussi l'Administration a-t-elle tenu à marquer cette préférence en attribuant à cette partie du programme le coefficient 2, tandis qu'elle limitait à 1 celui des autres matières facultatives.

Le coefficient des langues vivantes étant ainsi fixé à 2 et celui des autres matières à 1, il en résulte, comme nous le verrons plus loin, que le maximum de points accordé au postulant ayant obtenu la note *parfaitement* est limité à 40 points pour les langues vivantes et à 20 points pour les autres matières en dehors du programme.

Mais il est également de toute évidence qu'il eut été peu équitable, ainsi que l'Administration l'a expliqué dans une circulaire, d'accorder le maximum de 20 points à un postulant qui aurait, par exemple, résolu avec succès deux théorèmes de géométrie ou deux problèmes d'algèbre, alors qu'on ne pourrait attribuer une somme de points supérieure à un autre candidat qui aurait, en outre, répondu avec le même succès à une question d'histoire ou d'économie politique.

Il a été, par suite, réglé que le nombre de points, limité à 10 pour un seul ordre de matières, pourrait être porté à 15 pour la solution de 2 ou 3 questions différentes, et que le maximum de 20 serait exclusivement réservé aux postulants qui auraient obtenu la note *parfaitement* pour 4 questions au moins.

Le même mode de procéder est appliqué pour l'appréciation de la connaissance des langues étrangères, avec cette différence toutefois qu'en raison de l'importance du sujet, le maximum de points susceptible d'être attribué pour cette partie du programme est fixé à 12 pour une seule langue, à 16 pour 2 et à 20 pour 3 ou 4. Il résulte de cette règle qu'avec le coefficient 2, le candidat qui a subi avec succès cette épreuve peut obtenir une majoration de 24, 32, 34 à 40 points, suivant le nombre de langues qu'il possède.

Ces explications, un peu longues, paraissaient cependant indispensables pour bien fixer les candidats sur le bénéfice qu'ils peuvent retirer des connaissances acquises en dehors du programme.

Les quelques versions étrangères que nous donnons ci-après suffiront pour indiquer le genre et la longueur des textes ordinairement choisis pour cette épreuve.

SPECIMENS DE VERSIONS

VERSION ALLEMANDE

Das Zuckerrohr.

Außer dem zahmen Zuckerrohr gibt es noch eine andere Art, welche auf Malabar und einigen Südseeinseln wild gefunden wird. Es hält aber bei weitem nicht so viel Saft als das wahre Zuckerrohr, und wird daher auch nicht weiter angepflanzt. Von der äußerlichen Gestalt und dem Wuchse des ächten Zuckerrohrs kann man sich eine deutliche Vorstellung machen, wenn man unser gemeines Teich= oder Sumpfrohr betrachtet, dem es sehr ähnlich ist. Die Höhe und Stärke des Halms läßt sich nicht genau bestimmen; beide sind nach Beschaffenheit des Bodens verschieden. In fettem gutem Boden wird es wohl 20 Fuß hoch und drüber, und erlangt eine verhältnißmäßige Dicke, so daß oft ein solches Rohr einige 20 Pfund schwer wird.

TRADUCTION

La Canne à sucre.

En dehors de la canne à sucre cultivée, il existe encore une autre espèce que l'on trouve, à l'état sauvage, à Malabar et dans quelques îles de l'océan Pacifique. Mais elle ne contient pas, à beaucoup près, autant de séve que la vraie canne à sucre, et c'est aussi pour cela que l'on n'en fait pas de plus vastes plantations. On peut se rendre un compte exact de l'aspect extérieur et de la taille de la canne à sucre naturelle, si l'on considère notre roseau commun des étangs ou des marais, auquel elle ressemble beaucoup.

La hauteur et la grosseur de la tige ne peuvent guère être déterminées; toutes les deux varient suivant la nature du sol. Sur un bon sol gras, la tige atteint bien 20 pieds et plus de hauteur, et une grosseur proportionnée, si bien qu'une telle canne pèse souvent une vingtaine de livres.

(Concours du 14 avril 1890.)

VERSION ANGLAISE

Great-Britain, the largest island in Europe, is bounded on the North by the Atlantic; on the East by the North-Sea; on the South, by the English-Channel; and on the West by the Atlantic, the Irish-Sea and St. George's-Channel. Its greatest length ist about 608 miles, and its greatest breadth about 320 miles.

Great-Britain is a general appellation given to the British isles and Ireland, as a United Kingdom. England is the southern and most considerable part of Great-Britain.

The aspect of the country is various and delightful. In some parts, plains clothed in the richest verdure, watered by copious streams, and pasturing innumerable cattle, extend as far as the eye can reach; in others are seen gently rising hills and bending vales, fertile in corn, waving with woods, or interspersed with flowery landscapes; while other tracts furnish prospects of a more romantic and impressive kind.

TRADUCTION

La Grande-Bretagne, la plus grande île de l'Europe, est bornée au Nord par l'Atlantique, à l'Est par la mer du Nord, au Sud par la Manche; et à l'Ouest par l'Atlantique, la mer d'Irlande et le canal de Saint-Georges. Sa plus grande longueur est à peu près de 608 milles, et sa plus grande largeur d'à peu près 320 milles.

La Grande-Bretagne est la dénomination générale donnée aux îles Britaniques et à l'Irlande comme Royaume-Uni.

L'Angleterre est la partie méridionale la plus considérable de la Grande-Bretagne.

L'aspect de la contrée est variée et charmant. Dans quelques parties, des plaines couvertes de la plus riche verdure, arrosées par de grands fleuves et donnant la pâture à d'innombrables bestiaux, s'étendent aussi loin que le regard peut atteindre; dans d'autres l'on voit des collines s'élevant doucement et des vallées s'abaissant, fertiles en grains, avec des forêts ondulantes, ou entremêlées de paysages fleuris; tandis que d'autres régions fournissent des vues d'un genre plus romantique et plus impressionnant.

(*Concours du 9 avril* 1888.)

VERSION ITALIENNE

Il senato di Genova propose di construire in mezzo alla città un castello nel quale dovevano essere protetti i Giorni d'Adrea Doria, minacciati da una fazione rivale. Questo virtuoso cittadino vigorosa-

mente si oppose ad una siffatta risoluzione. « Genova, » diss' egli,
« non difenderà la sua libertà con baluardi e con guarnigioni; essa
non la conserverà che col disinteresse, e colla docilità del popolo;
questo solo può garantirle la sua indipendenza. Non piaccia a Dio
che, par assicurare il riposo de miei ultimi giorni, io soffra che la
mia patria s' esponga alla schiavitù! La citadella, che alcuni di voi
bramano di vedere fabbricare, diverrebbe, certamente, più tardi, un
istromento di oppressione. »

TRADUCTION

Le Sénat de Gênes proposait de construire au milieu de la ville un
château fort, dans lequel devaient être protégés les jours d'André
Doria, menacés par une faction rivale.

Ce vertueux citoyen s'opposa vigoureusement à une telle détermi-
nation. « Gênes, dit-il, ne défendra pas sa liberté au moyen de
remparts et de garnisons; elle ne la conservera que par son désinté-
ressement et la docilité de son peuple; cela seul peut lui garantir
son indépendance. Ne plaise à Dieu que, pour assurer le repos de
mes derniers jours, je souffre que ma patrie s'expose à la servitude!
La citadelle que plusieurs d'entre vous désirent tant voir construire
deviendrait certainement, plus tard, un instrument d'oppression.

(Concours du 11 mars 1889.)

VERSION ESPAGNOLE

Amor filial.

Despues de haber ganado Augusto la batalla de Accio, se puso à
hacer la revista de los prisioneros, entre los que se hallaba Metelo,
uno de sus mas encarnizados enemigos. Aunque estaba horrible-
mente desfigurado, con la miseria y los disgustos, su hijo, que servia
en el ejercito victorioso, le reconocio immediatamente, y fué à arro-
jarse entre sus brazos. Despues, volviendose con los ojos banados en
lagrimas à Augusto, le dijo asi : « Senor, mi padre ha sido vuestro
enemigo, y como tal merece la muerte; pero yo os he servido con
fidelidad, y merezco una recompensa : os pido pues, por premio de
mis servicios, que concedais la vida à mi padre, y me hagais morir
en su lugar. »

Augusto quedo tan conmovido de este rago de piedad filial que
concedio la vida a Metelo.

TRADUCTION

Amour filial.

Après avoir gagné la bataille d'Actium, Auguste se mit à passer en
revue les prisonniers, parmi lesquels se trouvait Métellus, un de ses

ennemis les plus acharnés. Bien que celui-ci fût horriblement défi-
guré par la misère et les chagrins, son fils, qui servait dans l'armée
victorieuse, le reconnut immédiatement et alla se jeter dans ses
bras. Puis, se tournant, les yeux baignés de larmes, vers Auguste, il
lui dit : « Seigneur, mon père a été votre ennemi, et comme tel il
mérite la mort; mais moi, je vous ai servi avec fidélité, et je mérite
une récompense; je vous demande donc, pour prix de mes services,
de faire grâce de la vie à mon père et de me permettre de mourir
à sa place. »

Auguste fut tellemeut ému par ce trait de piété filiale qu'il accorda
la vie à Métellus.

(Concours du 9 mars 1891.)

La valeur relative des épreuves de chaque candidat est déter-
minée au moyen de 20 points ayant les significations suivantes :

Valeurs rela-
tives des épreu-
ves du con-
cours.

0 équivalant à néant ;
1, 2 .... très mal ;
3, 4, 5 .... mal ;
6, 7, 8 .... médiocrement ;
9, 10, 11 .... passablement ;
12, 13, 14 .... assez bien ;
15, 16, 17 .... bien ;
18, 19 .... très bien ;
20 .... parfaitement ;

L'appréciation définitive en chiffres, pour chaque question,
s'obtient au moyen de la multiplication des points obtenus par
les *coefficients* suivants, destinés à attribuer à chaque question
un nombre de points proportionné à l'intérêt qui s'y attachent :

Appréciation
définitive des
épreuves.

Rédaction du sujet de composition 5
Orthographe................................ 4
Géographie................................ 4
Arithmétique.............................. 4
Physique et chimie......................... 4
Ecriture.................................. 2
Langues étrangères 2
Autres connaissances en dehors du programme.. 1

Majorations accordées aux candidats pourvus de diplômes universitaires.

Le nombre total des points d'examen obtenus par les candidats qui produisent des diplômes, est *majoré* d'après les bases suivantes :

Pour le diplôme de licencié 1/4
   —   —   bachelier ....⎞
   —   —   l'enseignement secondaire moderne (*).⎬ 1/6
   —   —   l'Ecole des hautes études commerciales.⎠
   —   —   la 1re partie du baccalauréat........... 1/10
Certificat d'admission aux épreuves orales du baccalauréat.. 1/20

Ce système de majoration, substitué en 1890, au *nombre fixe* de points précédemment attribué à chaque diplôme, présente l'avantage de s'élever ou de s'abaisser, suivant le mérite des candidats, qui obtiennent ainsi, une *majoration proportionnelle à la valeur numérique* de l'ensemble même des épreuves qu'ils ont fournies au concours.

Quorum nécessaires pour l'admission.

Le nombre des admissions, qu'il y a lieu de prononcer à la suite de chaque concours, étant exclusivement subordonné à la valeur relative des candidats qui ont subi les épreuves de l'examen, ne pouvait être déterminé par les règlements, mais l'expérience a démontré qu'en général, *un minimum de 350 points pouvait être considéré comme le quorum nécessaire* pour conserver quelques chances de succès.

Maximum de points.

Le nombre maximum de points pouvant être atteint par un candidat *non pourvu de diplôme*, qui aurait obtenu la note « parfaitement », c'est-à-dire 20 points pour les 8 questions inscrites au programme, serait de 520 points. Le minimum de 350 points correspondrait ainsi à la note « assez bien », c'est-à-dire à une moyenne de 13 points 1/2 pour chaque matière (facultative ou obligatoire).

Chances des postulants munis de diplômes.

Il résulte enfin de l'examen des listes d'admission des derniers concours, que la moyenne des candidats reconnus admissibles sans le secours d'aucun diplôme a été de 25 à 30 0/0.

Production des diplômes.

Les candidats pourvus d'un diplôme sont tenus de produire l'original de ce titre ou sa copie authentique délivrée par l'autorité universitaire.

Jurys d'examen.

Le comité d'examen des postulants, réuni au siège de chaque

(*) Décret du 5 juin 1891 inséré au *Journal officiel* du 6 juin.

Direction, est présidé par le Directeur, ou à défaut, par l'inspecteur le plus ancien en grade.

Il comprend en outre, un inspecteur, un sous-inspecteur, un receveur principal. Le premier commis de la direction remplit les fonctions de secrétaire.

Les matières de l'examen sont ordinairement contenues dans trois plis cachetés adressés par l'Administration centrale à tous les Directeurs.

L'ouverture des plis cachetés a lieu successivement au début de chaque séance en présence des membres de la commission d'examen et des postulants.

Le concours s'effectue généralement en trois séances. La première, qui a lieu le matin et dure jusqu'à midi, est ordinairement consacrée à l'ortographe, l'écriture et l'arithmétique. La seconde, aux questions géographiques et au sujet de composition, et la troisième, qui a lieu le lendemain, aux questions de physique et de chimie, ainsi qu'à la traduction des textes étrangers.

Les postulants qui ont demandé à être interrogés sur des questions en dehors du programme sont convoqués pour l'après midi du lendemain à une quatrième séance. Leurs *épreuves écrites* sont jointes aux autres matières de leur examen.

Les résultats de l'examen de chaque postulant sont consignés dans un procès-verbal auquel sont annexés les épreuves écrites fournies séance tenante.

Dossiers d'examen.

Chaque comité dresse une liste des postulants qu'il a examinés en les classant provisoirement par ordre de mérite, d'après la somme des points obtenus et sans se prononcer sur leur admissibilité, qui demeure évidemment subordonnée à la valeur relative des résultats obtenus par tous les candidats des autres Directions ayant pris part au même concours.

Correction des épreuves. — Formation de la liste générale de classement.

Ces documents sont adressés au Directeur général de l'Administration, qui les fait corriger et reviser par ses bureaux avant de soumettre au Ministre la liste générale des candidats définitivement reconnus admissibles.

La moyenne des candidats admis aux derniers concours a généralement été de 75 à 100 sur environ 300 postulants.

Moyenne des admissions.

Le nombre des surnuméraires est du vingtième environ de l'effectif total des cadres de l'Administration,

Nombre des surnuméraires

TABLE DES MATIÈRES

	Pages
INTRODUCTION	5

PREMIÈRE PARTIE

Origine de l'Administration	7
Attributions de l'Administration	7
Administration centrale	8
Conseil d'administration	8
Cabinet du Directeur général	8
Administrateurs	9
Bureaux de l'administration	9
Service départemental	11
Directeurs	11
Bureaux de Direction	11
Service des Colonies	12
Inspecteurs	12
Inspecteurs divisionnaires	12
— sédentaires	12
Bureaux de perception	13
Recettes subordonnées	13
Receveurs principaux	13
Service des Bureaux	13
Brigades	14
Chefs de brigades	14
Marine des Douanes	15
Recrutement des brigades	15
Passage dans le service sédentaire	16
Admission des officiers dans le cadre supérieur	16
Organisation militaire	16
Personnel de l'Administration centrale	17
— du service des Bureaux	17
— des Brigades	17

Algérie. 17
Indemnités diverses....................................... 18
Indemnités des surnuméraires................................. 18
Cautionnements. 18
Règles de l'avancement.. 18
Examens professionnels pour les emplois supérieurs. 19
Chances d'avenir... 19
Retraites. 20
Peines disciplinaires. 20

DEUXIÈME PARTIE

I. — CONDITIONS EXIGÉES POUR L'ADMISSION DANS LE SERVICE DES DOUANES

Justifications à produire..................................... 21
Age des candidats... 21
Service militaire... 21
Nationalité. 22
Validité physique. 22
Moralité... 22
Moyens d'existence... 23
Aptitude des postulants. — Annonce des concours. — Envoi
    des demandes d'inscription. 23

II. — ÉTUDE DU PROGRAMME

Première partie. — Matières obligatoires

Orthographe.. 24
Modèles de dictées... 25
Ecriture... 28
Sujets de composition.. 28
Géographie... 30
Arithmétique... 32
Questions d'arithmétique..................................... 32
Physique et Chimie... 35

2° partie du programme. — Matières facultatives

Langues vivantes... 36
Mode d'appréciation des épreuves relatives aux matières en de-
    hors du programme. 37

Spécimens de versions.. 38
Valeur relative des épreuves du concours....................... 41
Appréciation définitive.. 41
Majorations accordées pour les diplômes universitaires......... 42
Quorum nécessaire pour l'admission............................. 42
Maximum de points. 42
Chances des postulants non diplômés........................... 42
Production des diplômes.. 42
Jurys d'examen.. 42
Dossiers d'examen. 43
Correction des épreuves. — Liste d'admission................. 43
Moyenne des admissions....................................... 43
Nombre des surnuméraires..................................... 43

Paris. — Imprimerie de G. BALITOUT et Cᵒ, 7, rue Baillif.

PARIS

IMPRIMERIE DE G. BALITOUT ET C°

7, RUE BAILLIF, 7